CONSIDÉRATIONS ADDITIONNELLES,

CONCERNANT LE

REMBOURSEMENT

OU LA

RÉDUCTION DE LA RENTE,

PAR LE DUC DE GAETE.

(1836)

Imprimerie de A. BELIN, rue Sainte-Anne, 55,

CONSIDÉRATIONS ADDITIONNELLES,

CONCERNANT LE

REMBOURSEMENT

OU LA

RÉDUCTION DE LA RENTE,

PAR LE DUC DE GAETE.

Incedo per ignes!...

La supériorité avec laquelle l'opinion que je professe vient d'être défendue à la tribune de la Chambre des Députés par des orateurs d'un bien autre talent que le mien, m'avait fait renoncer à rien ajouter aux divers écrits que j'ai publiés, depuis quelques années, concernant *le remboursement* ou *la réduction* de la rente, ainsi que *l'amortissement*. Je dois dire, en toute humilité, que ces écrits n'ont pas même obtenu l'honneur d'une réfutation que j'aurais, je l'avoue, désirée pour mon instruction personnelle; car, si je suis dans l'erreur, je puis du moins me rendre le témoignage que c'est de la meilleure foi du monde, et que je n'y persiste que parce que je n'ai rien lu, rien entendu, jusqu'ici, qui ait pu m'en tirer. Ce motif me décide à reprendre, un moment, la plume, et, sans autre préambule, j'entre en matière.

Je rappelerai, d'abord, le plus brièvement qu'il me sera possible, les faits qui ont amené les choses au point où nous les voyons aujourd'hui.

Un ministre, d'une habileté reconnue, avait conçu, en 1824, la pensée d'obtenir, sans augmenter les charges actuelles du plus grand nombre des contribuables, les fonds de l'indemnité d'un milliard qu'il avait fait espérer aux familles que les lois contre l'émigration avaient frappées.

Il jugea que le but qu'il se proposait serait facilement atteint, s'il parvenait à imposer *aux créanciers de l'état, exclusivement,* une contribution équivalente aux *trente millions de rente* qu'il se proposait de créer, en 3 p. 0/0, au capital d'un milliard.

Le cours de la rente de 5 fr. avait pris, par l'effet du *système de crédit* fondé par la loi du 15 avril 1817, un accroissement rapide et prodigieux. Cette circonstance fournit au ministre un prétexte spécieux pour proposer le remboursement ou la réduction *aux 4 cinquièmes,* de cette rente dont la négociation n'avait pu être faite, dans le principe, qu'à des conditions très-onéreuses, à la Compagnie *étrangère* qui eut l'heureuse hardiesse de donner aux spéculateurs français l'exemple qu'ils ont bientôt suivi avec tant de profit. Les négociations successives qui avaient été nécessaires pour acquitter la rançon que les étrangers exigeaient, n'avaient donné, *taux commun,* au trésor public, que 73 fr. 50 cent. pour 5 fr. de rente dont le cours sur la place avait, en 1824, de beaucoup dépassé ce taux. Tout le monde sait que cette rente avait été soumise, par la loi de sa création, à un amortissement qui avait fait sa fortune.

Le ministre parut s'effrayer d'un succès qui menaçait, suivant lui, de porter la dépense de l'amortissement à une élévation démesurée. Pour parer à ce danger, qui n'était pourtant pas sans quelque compensation, puisque l'élévation du cours de la rente lui offrait la perspective d'emprunter, au besoin, à des conditions d'autant plus favorables; il fonda *sur le Droit commun*, d'après lequel toute rente perpétuelle *est rachetable*, la proposition d'une loi qui autorisait le gouvernement à offrir aux créanciers l'option entre le remboursement, à raison *de 100 fr.*, pour *chaque rente de 5 fr.*, ou la réduction *forcée* de cette rente à 4 fr.

Le remboursement devait s'opérer *par le moyen d'emprunts à 4 p. 0/0.* qui auraient conservé, *le capital primitif tout entier*, en réduisant seulement *la rente*.

Cette opération devait procurer, sur le paiement de la rente de 5 fr., l'économie nécessaire pour faire place, dans le budget, aux 30 millions de rente 3 p. 0/0, dont le ministre avait besoin pour réaliser, sans que les contribuables *étrangers au grand livre* s'en ressentissent, les espérances qu'il avait données.

Nos créanciers en auraient payé, seuls, tous les frais.

Je n'ai point à m'expliquer sur le caractère d'une combinaison qui pourrait paraître ne pas appartenir aux inspirations du génie financier.

La proposition du ministre fut accueillie par la Chambre des Députés.

La loi fut rejetée par celle des Pairs, à laquelle cette détermination fit, dans le temps, beaucoup d'honneur.

Toutefois, *le droit* de remboursement invoqué par le Ministre fut reconnu, dans la discussion, sans considérer, d'une part, que *le Droit commun* était inapplicable aux opérations du gouvernement en général, et particulièrement *au genre* de nos emprunts; de l'autre, que les lois qui les avaient autorisés satisfaisaient complètement à l'esprit de la disposition du Code civil que l'on invoquait, par l'institution de *l'amortissement,* qui n'était autre chose que *le mode spécial* de remboursement que le gouvernement s'était réservé, et que ses créanciers avaient consenti, pour l'extinction d'une rente *qui n'avait aucun capital connu* auquel un remboursement *ordinaire* pût s'appliquer.

On verra, plus bas, comment, par une mesure qu'aucune disposition de la loi du 15 avril 1817 ne pouvait justifier, et que j'ai par conséquent le droit d'appeler *illégale, la rente de* 5 fr. a été travestie en *rente* de 5 p. o/o; mais, bien sûrement, sans intention d'en changer *la nature* pour la soumettre, à volonté, à un remboursement *ordinaire,* auquel on était bien loin de penser alors. Ancien membre de la chambre et de sa commission des finances pendant cinq années, je puis certifier qu'une telle pensée ne s'y était jamais produite, et qu'elle n'y aurait obtenu aucun accueil. Personne n'attacha, dans le temps, d'importance à une dénomination qui avait été considérée comme tout-à-fait sans conséquence.

On n'avait pas prévu que l'on pourrait dire, un jour, pour donner à cette dénomination *une valeur*, que 1 pour 5; ou 5 pour 0/0 étaient la même chose.

J'avoue que je n'ai pas saisi l'application de ce singulier argument à la question qui s'agite aujourd'hui; mais si une question aussi grave pouvait se décider par un *jeu de mots*, pourquoi ne citerait-on pas aussi l'art. 1911 du Code civil, (qui déclare la rente constituée *rachetable*) en faveur du maintien de l'amortissement, qui, dirait-on, *rachète* et ne *rembourse pas*?

Il semble que cet argument vaudrait l'autre; mais la cause de l'amortissement est mieux défendue par *la nature* de la rente qu'elle est destinée à éteindre.

En effet, que portait la loi du 17 avril 1817, qui l'a créée?

« Le Ministre des finances est autorisé à négocier » jusqu'à concurrence de 30 millions de rente (c'est- » à-dire *6 millions de rentes de 5 fr.*) aux condi- » tions les plus avantageuses qu'il pourra obtenir. »

Aperçoit-on, dans cette disposition, rien qui ressemble à la pensée de créer une rente de 5 p. 0/0 remboursable *au pair;* en même temps que l'on s'obligeait à pourvoir *à son extinction successive* par l'action d'un amortissement puissant et régulier?

Était-ce par la promesse d'un remboursement *ordinaire,* et *impossible,* lorsqu'il aurait dû s'appliquer *à plusieurs milliards,* que l'on aurait pu se flatter d'obtenir la confiance des spéculateurs, qui nous devenait si nécessaire?

Cependant on a répété mille fois, pour justifier *le droit de remboursement,* que l'État ne pouvait être contraint à payer un intérêt de 5 p. o/o, lorsque, prétendait-on, il était généralement à 4 en France.

Oui, à *la Banque* ou à *la Bourse de Paris;* mais en France!.... cent fois, *non.*

Eh! si cela eut été reconnu, depuis douze ans qu'on le répète, l'intérêt *légal* serait-il demeuré invariablement fixé à 5?...

Comment la nouvelle rente avait-elle pris la dénomination qu'elle conserve encore?

L'explication de ce fait m'oblige à remonter un peu haut.

A l'avénement du gouvernement consulaire, en 1800, les rentes de la banqueroute qui avait été faite, en 1797, sous le *Directoire,* étaient cotées, à la Bourse, sous le titre de *tiers consolidé.* Il fut jugé utile de substituer à cette dénomination celle de *5 p. o/o consolidés,* pour effacer, avec le temps, la trace d'une infidélité dont le souvenir récent était peu favorable au retour de la confiance; et le

Grand livre devint celui des *5 p. o⁄o consolidés*.

On ne sait par quel motif le ministre de la seconde restauration, au lieu d'ouvrir, comme il aurait été naturel de le faire, un *Grand livre particulier* pour l'inscription d'une rente *d'une nature toute nouvelle*, se décida à la porter sur celui déjà existant pour une ancienne dette avec laquelle elle n'avait, comme on l'a vu, aucun rapport.

Ce fut ainsi qu'elle fut, dès le principe, cotée à la Bourse sous le titre qui, depuis, a servi d'appui à tant de fausses conséquences, et que cette dénomination se glissa, *inaperçue*, dans les lois postérieures à celle de 1817.

Il faut enfin en revenir à la vérité.

Nous n'avons pas, comme en Angleterre, dont on a, si souvent et si mal à propos, cité l'exemple, emprunté des *capitaux déterminés, à un intérêt quelconque*, en nous réservant la faculté ou de rembourser le capital, à volonté, ou de réduire l'intérêt convenu.

Nous avons simplement *vendu une rente de 5 fr. aux enchères*, en nous obligeant à fournir annuellement une somme suffisante pour en opérer l'amortissement graduel, dans la proportion convenable, et en nous réservant la faculté *d'annuler les rentes rachetées*, quand nous le jugerions à propos.

La rente de 5 fr., qui fait, jusques à un certain point, *office de monnaie*, circule *sous le sceau* de la loi qui l'a créée, comme la pièce de 5 fr., *sous la foi de l'empreinte* qui en garantit *le titre* ; et, personne, assurément, ne prétendra que l'État soit le droit de l'aliéner à son profit !

Du moment où *le prétendu droit* de remboursement fut proclamé, l'opinion fut jetée dans une fausse route, et l'existence du système de crédit que l'événement avait si bien justifié, fut tout-à-fait compromise. La création, en 1825, de la rente 3 p. 0/0, projetée en 1824, acheva de jeter le trouble dans les esprits. Des hommes qui, dans le principe, avaient placé toute leur confiance dans ce système qui leur avait procuré de grands bénéfices, en devinrent les plus ardens détracteurs. L'agiotage fut proclamé comme l'appui nécessaire du crédit public, et la nouvelle rente préconisée, comme présentant, par *son élasticité*, c'est-à-dire, par la latitude qu'elle offrait aux spéculateurs, le seul moyen d'assurer, désormais, au gouvernement tous les secours dont il pourrait avoir besoin. Le premier service qu'elle devait rendre était de faciliter le remboursement que l'on projetait.

La défaveur avec laquelle elle fut accueillie et la résistance des créanciers à *la conversion*, devenue *facultative*, que la loi de 1825 avait autorisée, forcèrent bientôt à renoncer à ce projet. Un seul article de la loi reçut son exécution, à l'égard de la rente de 5 fr., celui qui ne permettait plus à l'amortissement d'agir sur des fonds publics *au-dessus du pair*. Le cours de la rente de 5 fr. avait alors dépassé 100 fr. Le ministre crut, en conséquence, pouvoir porter toute la puissance de l'amortissement sur la nouvelle rente de 3 p. o/o, dont il espérait améliorer, ainsi, rapidement le cours au profit de ceux qui en avaient déterminé la création.

L'institution de l'amortissement fut ainsi bouleversée, lorsqu'il eût été si facile, en 1824, d'en maintenir l'utile action, sur la rente de 5 fr. sans nuire à l'exécution des vues particulières du ministre. Il ne se fût agi, de sa part, que de les exposer franchement aux Chambres. La loi constitutive de l'amortissement autorisait, comme on l'a vu plus haut, le gouvernement à proposer l'annulation des rentes *rachetées*, toutes les fois qu'il le jugerait convenable : cette faculté, dont l'exercice ne pouvait avoir d'autre effet que de retarder la libération définitive, et d'en augmenter la dépense, en en reculant le terme, était entrée dans les conditions sous lesquelles nos emprunts avaient été contractés. Les rentes *rachetées* s'élevaient alors à 43 millions. Rien n'eût été plus simple que d'annuler pour 30 millions de ces rentes, et de les remplacer par les 30 millions de rente 3 p. o/o, dont la création fut autorisée l'année suivante.

Cette disposition eût atteint le but, sans augmenter la dépense du budget, *et sans la moindre violation de la foi promise*.

Il eût été aussi facile de consolider le système de l'amortissement, *condition essentielle* de nos emprunts, en se mettant à l'abri de l'inconvénient que l'on semblait redouter, d'un accroissement immodéré de sa dépense par l'effet de la faveur constamment croissante que la rente devait à son intervention dont, pour le dire en passant, il eût peut-être été juste de lui tenir quelque compte.

Le moment où le cours commençait à se rapprocher de 100 fr., était celui qu'il eût fallu saisir pour déclarer, comme on le fit, un an trop tard, que le rachat ne pourrait, désormais, se faire à un taux supérieur, et que s'il arrivait que le cours vînt à le dépasser, l'amortissement deviendrait *obligé sur le pied de* 100 f., pour une quantité de rentes désignées par le sort, correspondante au capital qui serait resté, *sans emploi*, à la caisse d'amortissement, pendant l'année précédente. Nos créanciers, qui auraient eu encore une chance de profit *par le rachat*, entre le cours actuel et celui de 100 fr. qu'ils n'avaient guère pu espérer, n'avaient à se plaindre d'aucun dommage, et le gouvernement conservait *le moyen de libération* qu'il avait voulu s'assurer, en se préservant des sacrifices qu'il semblait craindre, et en conservant toujours les profits que les rachats faits, jusque-là, lui avaient procurés, comparativement à la dépense *d'un remboursement sur le pied de* 100 fr. La différence s'élevait à plus de 300 millions.

Mais un autre soin absorbait alors toutes les pensées du ministre !

Indè mali labes !

Depuis cette époque, le système de l'amortissement a été en butte à des attaques continuelles. On en est venu jusqu'à le présenter comme une *conception absurde*, déjà condamnée, a-t-on dit, par l'Angleterre. On ignorait apparemment que la Grande-Bretagne, par l'effet de l'abus qu'elle avait fait *du crédit* depuis l'avénement de Guillaume III au trône, était déjà obérée, lorsqu'en 1786, Price fit adopter par le ministre Pitt son système d'amortissement qui, à défaut *d'un excédant assuré du revenu sur les dépenses ordinaires*, (condition nécessaire des résultats qu'il promettait,) ne fut réellement fondé, dès l'origine, que sur le produit de nouveaux emprunts qui ajoutaient, chaque année, à la dette bien au-delà de ce que l'amortissement en aurait pu racheter. C'était assurément bien là une véritable déception ; et l'on peut s'étonner qu'une nation aussi éclairée ne s'en soit pas aperçue plutôt. La réduction de l'intérêt devint, ainsi, l'unique moyen de soulager, un peu, le trésor ; comme aux temps de *ce bon abbé Terray* qui n'y mettait pas tant de façon qu'on l'a fait chez nos voisins. Il est vrai que la science du crédit, alors dans l'enfance chez nous où elle a fait depuis tant de progrès, n'avait pas encore inspiré l'idée de masquer cette opération par *l'offre d'un remboursement à l'aide de nouveaux emprunts* ! Quelle sera la conséquence de cette méthode au-delà du détroit ?... Le temps nous l'apprendra.

Mais qu'on se reporte à la discussion du budget de 1817, dans la session de 1816, et l'on verra que ce n'est point ainsi que le système proposé par la commission des finances, à laquelle j'avais l'honneur d'appartenir, avait été conçu.

En principe, on n'admettait *l'emprunt* que comme un moyen *extrême* auquel un gouvernement sage et soigneux de l'avenir ne devait recourir que pour satisfaire à des besoins *extraordinaires et momentanés*, qui excéderaient tout ce qu'il serait possible de demander raisonnablement à l'impôt ; comme, par exemple, la rançon de 1,500 millions que nous devions payer aux étrangers, en 5 ans, pour délivrer le territoire de leur présence et assurer *l'existence même* de la France.

On établissait aussi la nécessité absolue d'un *excédant de revenu* sur lequel le paiement de la *rente* et de *la dotation de l'amortissement* pût être assis, pendant toute la durée de l'opération à laquelle on promettait *une fidélité inviolable.*

C'est à ces conditions seulement que l'on reconnaissait la réalité de la puissance de l'amortissement, et l'on prouvait par la composition du budget proposé pour 1817, qu'il offrait les moyens assurés de satisfaire au paiement exact, et de la rente de 5 fr. dont on proposait d'autoriser la négociation jusqu'à concurrence de 30 millions de rente, ainsi que de la dotation nécessaire pour en opérer l'extinction graduelle, et des nouveaux engagemens qu'il faudrait contracter, plus tard. On crut à nos paroles, et la France fût sauvée!...

Si je ne m'abuse, il semble que l'amortissement

anglais et le nôtre diffèrent autant que la situation des deux pays.

J'ai vainement cherché, dans les dernières discussions de la Chambre, un argument solide en faveur de la loi proposée.

On a dit : premièrement. La mesure est *légale*. Lisez l'art. 44 de la loi de 1793 qui a fondé la dette publique et le Grand-Livre ; vous y trouverez le mot *remboursement* énoncé six fois.

OBSERVATIONS.

1° On n'a jamais contesté que l'ancienne rente perpétuelle fût *remboursable*, à la volonté du gouvernement, sans que toutefois les prêteurs eussent le droit, dans aucun cas, d'en exiger le remboursement. Ainsi la loi de 1793 n'est, ici, d'aucune autorité ; et peut-être, en général, ne serait-ce pas à une époque où la *force* faisait le *droit*, qu'il faudrait demander des exemples.

2° Il n'existe aucune analogie entre l'ancienne dette perpétuelle et la nôtre, puisque le *capital* et *le taux de l'intérêt* étaient exprimés au contrat.

3° Les assignats créés par l'Assemblée constituante, pour le paiement *de toutes les dettes de l'État indistinctement*, offraient *à la Convention nationale*, un moyen d'exécution facile et certain, particulièrement pour la dette *perpétuelle* que les mutilations multipliées qu'elle avait subies, sous l'ancien gouvernement, ne laissaient plus subsister que pour 5o *millions de rente*. Néanmoins, le remboursement en fut ajourné, à raison des dépenses énormes d'une guerre dont on ne pouvait prévoir la fin, et qui exigeait l'entretien *de 14 armées* ! La prudence voulait que l'on ménageât son unique ressource.

Ma position comme commissaire de la Trésorerie nationale, et mes rapports journaliers avec Cambon, qui en était le surveillant, m'ont mis à portée de bien connaître les opérations financières de cette époque, et leurs motifs. Ce fut dans une vue *purement politique* que le Grand livre fut institué.

Il est digne de remarque que cette dette de 5o millions constituait presque seule, en 1789, ce *déficit* annuel qu'il eût été si facile de combler, si les *Ordres privilégiés de l'Etat* avaient été mieux inspirés, et qui suffit pour renverser une monarchie de 14 siècles !

Avis aux partisans des remboursemens *fictifs* par de *nouveaux emprunts* ou des réductions graduelles qui conduisent également à la *perpétuité* de la rente *réduite* !... Nous en avons vu le résultat déplorable pour le gouvernement qui existait alors. Devons-nous en préparer un semblable aux générations qui nous succéderont ?

Au surplus, la gravité des inconvéniens d'une rente *perpétuelle* n'est-elle pas reconnue par le même orateur dont j'analyse l'opinion, lorsqu'il ajoute : « Comme on ne peut racheter qu'autant » qu'il y a des vendeurs, l'État, s'il était dessaisi

» du droit de remboursement, se trouverait à la
» merci des rentiers. Il dépendrait d'eux de char-
» ger le Trésor *d'une redevance qu'ils perpétue-*
» *raient à leur gré.* A de telles conditions, le sys-
» tème de la rente *rachetable serait la combinaison*
» *la plus funeste, inventée pour le malheur des*
» *peuples.* »

Il me semble que nous sommes, ici, tout-à-fait
d'accord, s'il est vrai que des remboursemens opé-
rés *à l'aide de nouveaux emprunts* perpétueraient
inévitablement *la rente réduite ;* et certes, ce ne sont
pas les *réductions* qui avaient manqué à celle qui
a produit, en 1789, un si prodigieux effet.

Secondement. On a dit aussi : « Le Code civil a
» confirmé le principe consacré par la loi de 1793. »

OBSERVATIONS.

Sans doute, entre *particuliers ;* mais entre les
particuliers et *l'Etat !...* certainement, non.

Que dit en effet le Code civil ?

Art. 1911. « La rente constituée *en perpétuel*
» est *essentiellement rachetable.* »

Art. 1912. « Le débiteur d'une rente constituée
» en perpétuel peut être contraint au rachat : 1° s'il
» cesse de remplir son obligation *pendant deux*
» *années ;* 2° s'il manque à fournir au prêteur *les*
» *sûretés promises par le contrat.* »

De bonne foi, peut-on dire que l'ensemble de ces
dispositions soit applicable à une rente sur l'Etat ?

Que l'on suppose que de grands malheurs aient réduit *l'Etat* à la nécessité de suspendre *pendant deux ans*, le paiement de sa dette; et que l'on veuille bien me dire à quel tribunal les créanciers pourraient s'adresser pour le faire condamner à leur rendre leur capital, en exécution de l'article 1912 du Code civil?... et l'Etat aurait le droit d'invoquer l'article 1911 contre ses créanciers !...

Est-ce bien sous un gouvernement *constitutionnel*, que de telles maximes pourraient prendre quelque crédit?

C'est pourtant sur des allégations aussi hasardées que l'opinion se forme !

Troisièmement. «La question d'*équité*, a-t-on dit, » ne présente pas plus d'incertitude que le droit de » remboursement. Quels sont les capitaux qui » produisent un intérêt aussi élevé? »

OBSERVATIONS.

Eh ! qu'importe ? n'est-ce pas à la confiance des détenteurs de la rente de 5 fr. qu'est due, la faveur dont elle a joui, dès le principe, et qu'elle conserve encore aujourd'hui? L'amélioration inespérée du cours de cet effet public n'a-t-elle pas procuré au gouvernement, *qui est le plus grand consommateur*, d'immenses avantages par les économies qu'il a obtenues dans toutes les parties de son service, de même que dans ses nouveaux emprunts? Peut-on calculer ce qu'il en aurait coûté de plus aux contribuables, si le cours de la rente était resté stationnaire *depuis 20 ans?* Ne doit-on tenir aucun compte de ces avantages dans le calcul des profits obtenus et des pertes éprouvées par l'État, dans un temps où *son existence même eût été compromise,* si le crédit lui avait manqué? Et peut-on penser qu'il ne doive que des rigueurs à ceux qui lui ont rendu d'aussi éminens services? Est-ce véritablement là, ce que *l'équité* pourrait conseiller ou justifier!

Quatrièment. Le crédit de l'Etat est encore au-dessous de celui des premières maisons de banque, *quoiqu'il soit de tous les débiteurs le plus solide.*

OBSERVATIONS.

Cette dernière assertion est incontestable; mais l'Etat a le tort grave d'être *plus fort que ses créanciers.* Nous en voyons aujourd'hui une nouvelle preuve. C'est là, ce qui peut donner à une maison de banque, *du premier ordre,* un crédit supérieur au sien, et il n'est pas probable que ce qui se passe, depuis plusieurs années, relativement à la dette publique, soit propre à lui assurer désormais la supériorité.

Je ne pousserai pas plus loin une analyse que ceux qui me feront la grace de me lire auront le droit de trouver déjà bien longue.

Des hommes dont je fais profession d'honorer le caractère, le patriotisme et le talent, paraissent persuadés que le résultat du nouveau système qui se prépare, serait de procurer à l'agriculture, à l'industrie et au commerce, les capitaux dont ils supposent que ces trois branches de la richesse publique ont besoin.

Cependant on convient généralement que, depuis 20 ans, elles ont fait d'immenses progrès. Ce fait incontesté autoriserait à croire que l'on s'exagère la pénurie que l'on présume qu'elles éprouvent, et si elle existait réellement, *telle qu'on se la figure*, on s'expliquerait difficilement comment le produit de 20, 25 ou même 30 millions prélevés sur nos créanciers, et répartis entre plusieurs millions de contribuables, pourrait produire les effets que l'on en espère. Il est donc permis de douter, d'une part, de la *nécessité absolue* ; de l'autre de l'*efficacité réelle* du remède. Sans doute l'agriculture est dans un état de souffrance par le bas prix des grains, depuis plusieurs années ; mais un tel expédient changerait-il notablement sa situation ? on ne saurait le penser.

Qui empêche, d'ailleurs, la masse considérable de capitaux que le trésor obtient à 2 p. o/o d'aller chercher un intérêt plus satifaisant dans des emplois utiles à la reproduction souffrante ? et comment la réduction de la rente à 4 fr. devrait-elle être plus profitable pour elle ; dût même cette réduction être, *dès à présent*, réalisée ; à plus forte raison, lorsque, par la création des *annuités*, l'effet en serait nécessairement ajourné à 8 ou 10 ans ?

CONCLUSION.

Intimement persuadé, et de *l'illégalité* et de *l'inefficacité* d'une mesure dont l'effet devrait se faire attendre aussi long-temps, tandis qu'il s'agit d'obtenir, sans retard, les 15 ou 20 millions nécessaires à la formation d'un budget *normal*, sans lequel, en effet, il n'y a point *de finances*; je ne puis que regretter vivement que, par une intention, assurément, très louable, mais qui ne pouvait produire le résultat que l'on en avait espéré, on ait, il y a 3 ans, diminué le revenu public de 40 millions qui ne devaient pas profiter aux contribuables pour *un centime*. Ce revenu conservé aurait mis à portée de donner, aujourd'hui, au budget l'*excédant* d'une vingtaine de millions qu'il réclame, avec raison, et de diminuer encore de 20 millions l'impôt que l'on aurait jugé le plus onéreux. La privation de cette précieuse ressource ne laisse malheureusement pas le choix d'un moyen d'y suppléer qui ne présente aucun inconvénient. Je ne me dissimule pas que ce n'en soit un réel de demander encore un secours à la caisse d'amortissement qui a reçu depuis 10 ans tant d'atteintes; mais cette institution nous a tiré, à sa naissance, d'un pas bien autrement difficile, et *sa dotation annuelle faisait alors, à peu près, son unique ressource* ! Que l'on soit, désormais, fidèle aux lois qui la régissent, et elle aura bientôt réparé la perte du faible reste de rentes *rachetées* que la caisse d'amortissement possède encore. L'annullation *légale* de ces rentes produirait aisément les 20 millions dont le besoin se fait sentir pour établir un ordre *permanent* dans nos affaires et ce résultat serait immense !... Il nous mettrait au-dessus *des expédiens* (car je ne puis considérer autrement *une réduction de la rente*), au-dessus, dis-je, des expédiens qui ne peuvent convenir *qu'à des affaires dérangées;* et qui contrasteraient avec une fortune aussi solidement établie que l'est celle de la France dont la *dignité même* en serait blessée.

On estime à 100 millions, *toute exception faite*, la partie de la rente de 5 fr, susceptible d'être amortie. La dotation particulière de cette rente subsiste encore pour 32 millions par an. C'est un peu plus d'un et demi pour cent du capital de 2 milliards à amortir. Avec cette ressource, les rachats, sur le pied de 100 fr., auraient, en quelques années, reconquis 10 à 12 millions de rente et recomposé cette réserve si utile au maintien du crédit, dont on reconnaît toute l'importance. Car, comme on l'a dit judicieusement, *le crédit est aussi une arme* qui protège le pays et la dignité du gouvernement. On ne peut donc *compter minutieusement avec lui* pour les sacrifices qu'il exige.

La caisse d'amortissement pourrait, dès le commencement de l'année prochaine, recommencer sa tâche. L'opération paraîtrait moins *dure*, et le serait moins en effet, si l'on appelait alors, par la voie du sort, au rachat *obligé*, une quantité de rentes de 5 fr. *double* de celle correspondante *à la réserve* qui existerait à la caisse d'amortissement, sur le produit de sa dotation pour le rachat de cette rente. Les créanciers recevraient une nouvelle inscription de 5 p. o/o pour *moitié* de leur rente primitive, et *l'autre moitié* leur serait payée *en argent*. La différence, en plaçant le produit du rachat à 4 p. o/o, ne serait que *d'un* 10° dans leur revenu; et, d'un autre côté, la quantité de rentes rachetées resterait la même que si le rachat s'était opéré, pour un nombre de rentes *de moitié moindre, en totalité, en argent.*

Les nouvelles inscriptions *réduites* ne devraient être de nouveau soumises au sort, qu'après que toutes les autres auraient été successivement appelées au rachat.

L'effet de l'opération serait, ainsi, à peu près, insensible, et *la continuité* de sa marche n'en produirait pas moins tout ce qu'elle promet. Elle ne sortirait pas, d'ailleurs, des conditions du système d'amortissement, tel qu'il a été modifié, *sans réclamation*, par la loi de 1825 qui a interdit son action sur des fonds publics dont le cours serait *au-dessus de* 100 fr.

Elle serait également conforme *à l'esprit de ce système* que la loi n'a jamais voulu mettre à la merci des créanciers, dans le cas où, contrairement à l'intérêt général auquel ils ne peuvent demeurer étrangers, il leur aurait convenu de ne plus se présenter sur la place.

La dépense de l'amortissement d'une rente de 100 millions, avec une dotation annuelle de 1 1/2 p. 0/0, serait :

1° Pour la dotation de 32 millions, pendant 30 ans.......................... 960,000,000

2° Pour la rente qui devrait être payée, pendant le même temps, tant aux créanciers qu'à la caisse d'amortissement. 3,000,000,000
____
Total........ 3,960,000,000

Et *le capital* et *la rente* auraient disparu.

Que l'on convertisse, dès à présent, la rente de 5. fr. en rente de 4. p. 0/0, en maintenant la disposition qui interdit l'action de l'amortissement pour les fonds publics, *au-dessus du pair que les 4 p. 0/0 ont déjà dépassé*, les contribuables auront payé, dans le cours d'un siècle, à raison de 80 millons, par an, *huit milliards*, en restant *toujours débiteurs*, et *du capital de deux milliards*, et *de la rente de 80 millions*, augmentée de ce que de nouveaux besoins auraient forcé d'y ajouter, *dans un si long intervalle.*

Est-ce ainsi que l'on prétendrait concilier l'intérêt *du présent* avec celui de *l'avenir*, qu'il n'est pourtant pas permis de négliger entièrement?

J'aurais été mal compris, ou plutôt, je me serais mal expliqué, si l'on avait cru pouvoir conclure de ce que j'ai dit au sujet de l'amortissement, que je lui supposais la vertu de *neutraliser* l'effet inévitable de l'emprunt ; celui d'augmenter, pour un longtemps, le fardeau des peuples.

Tout ce que j'ai voulu dire a été : premièrement, que nous n'avions pas *le droit* d'abandonner *le mode de libération* qui constitue une condition essentielle de nos contrats. Secondement, que nous n'avions pas *intérêt* à le faire, parce que, du moins dans mon opinion, le nouveau système que l'on propose ne serait qu'un palliatif décevant qui ne soulagerait que faiblement *le présent*, en préparant à *l'avenir* des charges accablantes et des embarras capables de compromettre, un jour, *jusqu'à l'honneur du pays ;* comme le passé en a fourni tant d'exemples.

Je présente ces réflexions et ces idées, sans autre prétention que celle de compléter le tribut que tout citoyen doit à son pays, selon *ses moyens.* C'est *le denier de la veuve.*

www.ingramcontent.com/pod-product-compliance
Lightning Source LLC
Chambersburg PA
CBHW050015070726
47598CB00014B/1692